CHRISTINE MICHAUD

Das kleine Übungsheft

Zen, sexy und happy

Aus dem Französischen von
Claudia Seele-Nyima

Illustrationen von Sophie Lambda

TRINITY

Christine Michaud stammt aus Quebec und ist gelernte Juristin. Die Bestsellerautorin moderiert heute erfolgreich mehrere Sendungen im kanadischen Fernsehen, die sich mit dem Schwerpunkt »Glück finden und annehmen« beschäftigen. Eine wöchentliche Kolumne ergänzt ihre Aktivitäten rund um das Thema.

Die Originalausgabe ist erstmals 2014
bei Éditions Jouvence erschienen.
Titel der französischen Originalausgabe:
Petit cahier d´exercices pour etre sexy, zen et happy

Chemin du Guillon 20, Case 184, CH-1233 Bernex.
www.editions-jouvence.com
info@editions-jouvence.com

Umschlaggestaltung: Guter Punkt, München
Satz: Kerstin Duben, München
Druck und Bindung: Pustet, Regensburg
ISBN 978-3-95550-165-5

www.die-kleinen-uebungshefte.de

Ein neuer Wind ...

Vielleicht haben Sie es bereits an sich selbst oder im vertrauten Gespräch mit Freunden oder Kollegen bemerkt: Viele Menschen haben in letzter Zeit das Gefühl, in einer Phase des Umbruchs zu sein. Die Zeit scheint schneller zu vergehen und Verletzungen oder wunde Punkte, die uns daran erinnern, dass sie geheilt werden wollen, scheinen rascher an die Oberfläche zu kommen als früher. Haben auch Sie das Bedürfnis, sich neu auszurichten? Hätten Sie gerne, dass ein frischer Wind in Ihrem Leben weht? Möchten Sie die Erfahrung machen, dass es in jedem Alter und zu jeder Zeit möglich ist, sich zu verändern, ganz gleich, was in der Vergangenheit war – und dass die dazu nötige Kraft bereits in Ihnen schlummert? Genau dabei will Ihnen dieses kleine Übungsheft zur Seite stehen. Denn träumen wir nicht alle davon, uns körperlich, geistig und seelisch rundum wohlzufühlen, kurz: attraktiv, gelassen und glücklich zu sein – und das auch auszustrahlen? Indem wir uns dieses dreifache Ziel setzen, wird ein bewussteres Leben möglich und wir können endlich unser volles Potenzial entfalten.

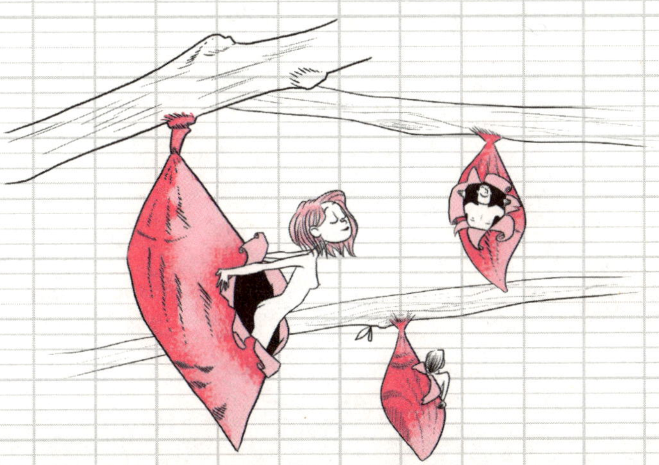

In diesem kleinen Übungsheft finden Sie Übungen, die Ihnen helfen, auf physischer, psychischer sowie mentaler Ebene das Beste aus sich zu machen. Auf diese Weise entwickeln Sie eine neue Lebensart, die Ihnen eher entspricht. Wie Gandhi zu sagen pflegte: »Sei du selbst die Veränderung, die du dir wünschst für diese Welt.« Seien Sie also gelassen, attraktiv und glücklich!

Sind Sie bereit, sich zu verändern?

»Wenn Sie wollen, dass die kommenden fünf Jahre Ihres Lebens deutlich besser werden als die letzten fünf Jahre, dann müssen Sie einiges in Ihrem Leben ändern.«

Jim Rohn

Wie empfinden Sie Ihr Leben momentan? Könnte es Ihrer Meinung nach besser laufen? Meinen Sie, Sie könnten sich in Ihrem Körper wohler fühlen, innerlich ruhiger und im Herzen glücklicher sein? Dieses kleine Übungsheft will Sie dabei unterstützen, Ihr Gleichgewicht zu finden – oder wiederzufinden –, und ein in jeder Hinsicht erfüllteres Leben zu führen.

Um diese positive Veränderung herbeizuführen, müssen Sie allerdings bereit sein, einige Dinge in Zukunft anders anzugehen. Ist Ihnen schon einmal aufgefallen, dass nichts im Leben bleibt, wie es ist, dass alles sich fortwährend im Wandel befindet? Warum stemmen wir uns dann so oft gegen jegliche Veränderung? Manchmal gehen wir irrtümlicherweise davon aus, wir müssten, um das zu bewahren, was wir haben, nur einfach in unserer Komfortzone verharren und keine zu hohen Wellen schlagen … Doch wenn es in Wirklichkeit genau umgekehrt wäre? Denn nur durch die Bereitschaft, alles infrage zu stellen und von Grund auf mit Ihren Überzeugungen und Gewohnheiten aufzuräumen, geben Sie Ihrem Leben neue Impulse. Eine solche Neuausrichtung ist in jedem Alter möglich, vorausgesetzt, Sie wollen es wirklich! Machen Sie eine kleine Bestandsaufnahme! Nehmen Sie sich einen Augenblick Zeit und listen Sie erst mal die Dinge auf, die wirklich gut laufen in Ihrem Leben.

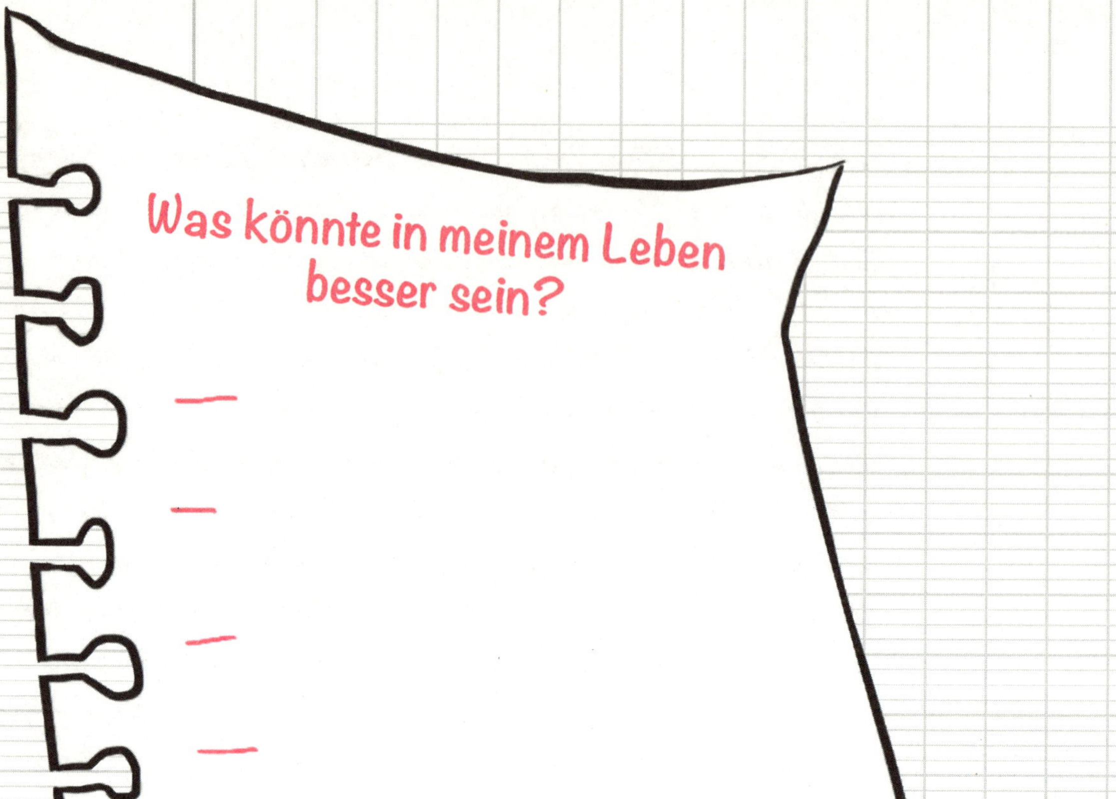

Und nun konzentrieren Sie sich auf die Dinge, die besser funktionieren könnten, und listen diese auf.

Auf den Willen kommt es an …

Einer Handlung geht stets ein Wille, eine Absicht voraus. Wobei das Leben so gut zwischen den Zeilen lesen kann, dass es sogar auf unsere geheimsten Intentionen antwortet.

> »Der Wille eines Menschen zeigt sich in seinem Handeln.«
>
> Elizabeth Anscombe

Manchmal, wenn wir Angst haben zu handeln, greift das Leben an unserer Stelle ein und bringt die Ereignisse in Gang … Doch wenn das so ist, können wir genauso gut auch gleich selbst das Ruder in der Hand behalten und dem Leben zuvorkommen! Bevor Sie weiterlesen, nehmen Sie sich einen Moment Zeit, um sich mithilfe der nächsten Übung innerlich auf das Gefühl des Glücks einzuschwingen. So werden Sie den bestmöglichen Nutzen aus dem ziehen, was dieses Übungsheft zu bieten hat.

Die glückliche Minute

Setzen Sie sich bequem auf einen Stuhl und schließen Sie die Augen. Denken Sie eine Minute lang an ein glückliches Ereignis in Ihrem Leben. Suchen Sie nicht nach dem idealen Moment, sondern wählen Sie einfach eine Begebenheit aus, die Ihnen guttat. Sie kann sich vor zehn Jahren zugetragen haben oder am heutigen Tag – das spielt keine Rolle. Denken Sie daran: Glück ist relativ. Sie können also Ihren Hochzeitstag zum glücklichen Moment erwählen, aber genauso gut den Tag Ihrer Scheidung. Sie entscheiden!

Diese eine Minute wird Sie in einen innerlich ausgeglichenen und wohligen Zustand versetzen. Mehr noch: Sie wird Ihnen Zugang zum Besten in Ihnen ermöglichen. So fällt es Ihnen leichter, die Konzepte, die ich Ihnen in diesem kleinen Übungsheft vorstelle, schnell zu verinnerlichen. Sie spüren besser, was gut für Sie ist.

Kennen Sie die Redensart: »Es gibt keine Zufälle, nur Schicksal«? Vielleicht ist es ja Schicksal, dass Sie auf den folgenden Seiten Ihrer Zukunft begegnen?
Diese Zukunft können Sie auf Ihre ganz persönliche Weise und nach Ihren Vorstellungen gestalten, sodass sie zu Ihrem Wesen passt und Ihnen ein Leben im Einklang von Körper, Geist und Seele ermöglicht!

Machen Sie sich auf zu Ihrer Version von

gelassen, attraktiv und glücklich!

Malen Sie folgenden Satz bunt aus:

»Nicht das Leben ist das höchste Gut, sondern das gute Leben.«

Platon

Steigern Sie Ihre Anziehungskraft!

Zuallererst: Haben Sie schon einmal darüber nachgedacht, was Sie an sich selbst oder anderen attraktiv finden? Denken Sie an Ihr Umfeld – gibt es da Frauen, die Sie als »heiß« und »sexy« bezeichnen würden? Worin unterscheiden sie sich von anderen? Was zeichnet sie aus? Wetten, es ist nicht ihr tiefes Dekolleté oder ihre figurbetonte Kleidung!

Ganz im Gegenteil, bei näherem Hinsehen werden Sie wahrscheinlich feststellen, dass es ganz unterschiedliche Merkmale sein können, die die Anziehungskraft einer Person ausmachen: Bei der einen ist es das Lächeln, bei der anderen das Selbstbewusstsein oder die gewinnende Art. Oft ist es der Gesamteindruck, ein Gefühl, das die Betreffende ausstrahlt. Tatsächlich gibt es zahllose verschiedene Komponenten, die einen Menschen attraktiv machen können.

Sei, wer du bist!

Wer sind Sie? Haben Sie sich diese Frage schon einmal ernsthaft gestellt? Bestimmt sind Sie ein großartiger Mensch mit immensem Potenzial – aber vielleicht neigen Sie dazu, das bisweilen zu vergessen?

Wo liegen Ihre Talente?

Wissenschaftler haben bewiesen, dass jedes Talent entwickelt werden kann. Die größten Genies haben ihre Fachdisziplin mehr als 10.000 Stunden praktiziert. Fragen Sie sich also: Was habe ich bisher in meinem Leben am meisten praktiziert? Denn durch diese Aktivität will Ihr inneres Genie ans Licht kommen ...

Denken Sie an das Gleichnis aus der Bibel von den anvertrauten Talenten, in dem Talente als Geldmittel beschrieben werden. Daraus ließe sich ableiten, dass Ihre Talente Ihnen, wenn Sie sie zur Geltung bringen, die Tür zum Wohlstand öffnen könnten!

Welche Leidenschaften haben Sie?

Im Begriff Leidenschaft ist das Wort **Leiden** enthalten. Man kann es so interpretieren, dass etwas Ihnen Leid verursacht hat und Sie Lösungen finden mussten, um sich davon zu befreien; daraus wiederum hat sich möglicherweise eine Leidenschaft entwickelt.

Gab es Momente in Ihrem Leben, in denen Sie das Gefühl hatten, durch die Hölle zu gehen? Welche waren das? Was haben Sie unternommen, um sich daraus zu befreien?

....

....

....

Diese Antwort gibt Ihnen einen Hinweis darauf, wie Sie Ihre Leidenschaften erkennen können.

Beispiel:

Caroline hat seit Jahren mit schweren Depressionen zu kämpfen. Um sich davon zu befreien, hat sie tonnenweise Bücher über Psychologie und Persönlichkeitsentwicklung gelesen. Inzwischen ist das Lesen von Büchern, die ihr weiterhelfen, für sie zu einer Leidenschaft geworden.

Die Leitlinien meines Lebens

Die meisten Organisationen und Unternehmen haben eine Satzung oder eine Geschäftsordnung, in der sie die Leitlinien ihrer Arbeit vorab festgelegt haben. Warum nicht als Individuum dasselbe tun?

Es ist an der Zeit, darüber nachzudenken, was wirklich wichtig für Sie ist. Nach welchen Kriterien möchten Sie leben? Was bräuchten Sie, damit Ihr Leben einen Sinn hat? Was ist für Sie wesentlich? Schreiben Sie Ihre Antworten jetzt gleich auf.

Die Leitlinien meines Lebens

- Der Stimme meines Herzens folgen
- Liebevoll und gütig sein
- Mich an dem Schönen um mich herum erfreuen
- Meine Talente zur Geltung bringen
- Gut für mich sorgen
- Jeden Tag lachen

»Erkenne dich selbst.«

Sokrates

Dadurch, dass Sie lernen, sich selbst zu erkennen und den wunderbaren Menschen anzunehmen, der Sie sind, gewinnen Sie ungeheure Macht über Ihr Leben. Sie werden nicht nur immer stärker und zuversichtlicher, sondern fühlen sich auch zunehmend wohl in Ihrer Haut – und strahlen dies auch aus!

Blühen Sie auf!

In der Positiven Psychologie heißt es, um glücklich zu sein, müsse ein Mensch »aufblühen«. Haben Sie schon einmal aufmerksam eine Blüte betrachtet? Wenn Sie sich beispielsweise das Innere einer Rosenblüte ansehen, werden Sie eine Spirale erkennen. Sie symbolisiert den Rhythmus des Lebens. Je mehr wir uns dem Zentrum der Spirale nähern, umso schneller wird der Rhythmus. Und umgekehrt: Je weiter wir vom Zentrum entfernt sind, umso langsamer werden wir in unserer Handlungsfähigkeit …

Damit Sie sich in Ihrer Haut wohlfühlen, innerlich entspannt und glücklich sein können, gilt dasselbe: Um Ihre Herzenswünsche schneller zu verwirklichen, tun Sie gut daran, sich Ihrem inneren Zentrum anzunähern. Viele Ihrer Denk- und Verhaltensmuster sind lediglich erlernt. Stellen Sie sie auf den Prüfstand: Haben sie wirklich etwas mit Ihrem eigentlichen Ich zu tun? (Siehe auch ab S. 26) Um Ihr volles Potenzial zu entfalten, lernen Sie, mehr in Verbindung zu Ihrem innersten Wesen zu leben.

Um Ihnen zu helfen, diese Verbindung herzustellen, hier eine schöne Übung:

Erstellen Sie eine Liste aller Dinge, die Ihnen ein Gefühl der Lebendigkeit geben.

-
-
-
-
-
-
-
-
-
-
-
-
-

Die Kraft des Lächelns

Lächeln hat erwiesenermaßen positive Auswirkungen. An der University of California in Berkeley ist es sogar gelungen, die Zukunft der Studenten vorauszusagen – und zwar anhand des Lächelns auf dem Foto, das bei ihrem Studienabschluss von ihnen aufgenommen wurde. Je deutlicher und echter ihr Lächeln, umso besser die beruflichen Erfolgsaussichten der Studierenden.

»Wir werden nie wissen, wie viel Gutes ein einfaches Lächeln vollbringen kann.«

Mutter Teresa

Das Lächeln ist dem Menschen angeboren, doch leider wird es mit fortschreitendem Alter immer seltener. Schon als Fötus im Mutterleib lächeln wir. Kinder lächeln durchschnittlich mehr als 400-mal am Tag. Das ist ein beträchtlicher Unterschied zu Erwachsenen, die es im Schnitt nur auf fünf- bis 20-mal Lächeln am Tag bringen.

Forschungen haben bewiesen, dass Lächeln den Stresspegel und den Blutdruck senkt und unser allgemeines Wohlbefinden steigert. Warum also nehmen wir uns nicht ein Beispiel an den Kindern und lächeln häufiger? Zudem sollten Sie wissen, dass Sie, wenn Sie lächeln, nicht nur sympathischer wirken, sondern auch kompetenter.

Schließlich ist Lächeln etwas, das man üben und entwickeln kann. Es kann einem inneren Gefühl der Freude oder Zufriedenheit entspringen, aber auch durch einen äußeren Reiz ausgelöst werden.

Charles Darwin hat gezeigt, dass selbst das Simulieren eines positiven Gefühls ein Lächeln auf unser Gesicht zaubern kann. Und umgekehrt funktioniert es auch: Man fühlt sich automatisch positiver und fröhlicher, selbst wenn man grundlos lächelt. Außerdem ist es ansteckend!

Wer von den beiden hat Ihrer Meinung nach die bessere Ausstrahlung?

Eindeutig, nicht wahr? Lächeln verleiht unbestreitbar eine positivere Ausstrahlung und macht attraktiver.

Ein Farbtupfer!

Um Ihrem Leben etwas Glamour zu verleihen, sollten Sie lieber Farben tragen statt Schwarz-Weiß. Man kann sie entweder gewagt miteinander kombinieren oder aber nur hier und da kleine leuchtende Farbtupfer setzen.

Von welchen Farben fühle ich mich angezogen?

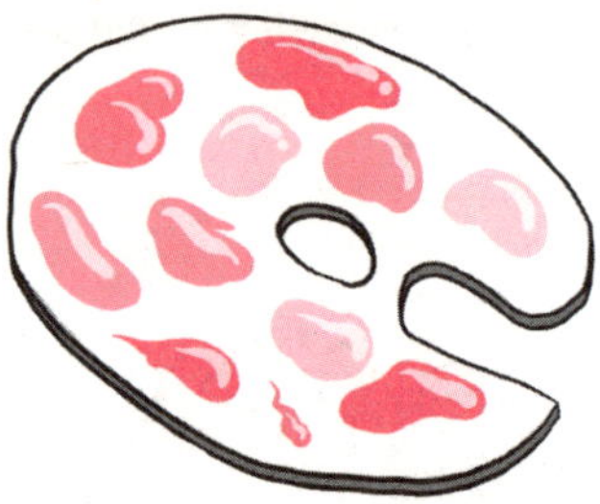

-
-
-
-
-

Farben beeinflussen unsere Stimmung und können sogar eine heilende Wirkung haben. Diesen Effekt kennen wir aus der Farb- und der Lichttherapie, die Körper und Geist gleichermaßen heilen können. Behandlungen, die die Energiezentren (Chakren) einbeziehen, sind hierfür gute Beispiele.

Farbwirkung

Rot = *Aktivität, Kraft, Liebe, Leidenschaft*
Orange = *Freude, Kreativität, Selbstvertrauen*
Gelb = *Lebensenergie, Optimismus, aktiviert den Geist*
Grün = *innere Harmonie, Erneuerung, Gesundheit, fördert Erholung*
Blau = *Ruhe, Frieden, fördert Entspannung*
Indigo = *Innenschau, Schutz, wirkt beruhigend*
Violett = *Sensibilität, Konzentration, Spiritualität*

Warum also nicht lieber **das Leben in rosigen Farben sehen,** statt Trübsal zu blasen?

Der Körper, Tempel meines Geistes

Mögen Sie Ihren Körper? Vielleicht finden Sie ihn zu dick, zu klein, nicht muskulös genug oder zu schlaff? Wir neigen dazu, gegenüber der schönsten Schöpfung, die man sich nur denken kann, übermäßig kritisch zu sein …

Um attraktiv zu sein, ist es wichtig, dass Sie Liebe, Dankbarkeit und sogar Bewunderung für Ihren Körper entwickeln – und zwar noch bevor Sie irgendetwas an Ihrem Aussehen verändern. Ihr Körper ist der Tempel Ihres Geistes und beide müssen Hand in Hand arbeiten.

Hier nun die vielleicht schwierigste Übung dieses kleinen Übungshefts: Stellen Sie sich nackt vor einen Spiegel und sagen Sie Danke für den tollen Körper, der Ihnen geschenkt wurde.

- Statt das zu sehen, was Ihnen missfällt, bemühen Sie sich, das wahrzunehmen, was Sie mögen. Einige Ihrer physischen Eigenschaften sind genetisch bedingt, Ihre Vorfahren sind also sozusagen ebenfalls in Ihrem Körper präsent. Heißen Sie ihre Energie willkommen und seien Sie stolz darauf, dass Sie sie würdig vertreten.

- Fragen Sie sich dann, ob Sie das, was Sie als kleine Mängel betrachten, korrigieren könnten – etwa mit besserer Ernährung und mehr Sport. Denken Sie daran: Die Veränderungen müssen weder drastisch sein noch sollten Sie sich dafür quälen müssen. In kleinen – kontinuierlichen, aber vor allem vergnüglichen – Schritten wird es Ihnen gelingen, sich selbst positiver zu sehen.

Sie können auch beschließen, sich so zu akzeptieren, wie Sie sind, ohne etwas zu verändern. Sie werden dann lernen, Ihre kleinen Schönheitsfehler zu mögen. Und da alles eine Frage der Wahrnehmung ist, erkennen Sie schon bald, dass es sehr schwierig ist, eine klare Linie zwischen dem Vollkommenen und dem Unvollkommenen zu ziehen.

Ständig im Wandel

Der Wechsel der Jahreszeiten, Ebbe und Flut und die Veränderungen der uns umgebenden Natur zeugen davon, dass das Universum fortwährend im Wandel ist. Erinnern Sie sich noch an Ihren Körper, wie er vor zehn oder 20 Jahren war? Wie alle Menschen haben auch Sie sich verändert. Ihr Körper hat sich gewandelt. Das ist das Prinzip der Evolution. Um attraktiv (und auch gelassen und glücklich) zu sein, müssen Sie bereit sein, dem Flow des Lebens zu folgen. Sean Stephenson ist ein amerikanischer Autor und Therapeut, der dem Publikum bei seinen Vorträgen empfiehlt, **zu tanzen**. Mindestens dreimal täglich, sagt er! Dann führt er es selbst vor. Und alle Anwesenden erheben sich und tanzen, da sie sich sagen: Wenn dieser Mann das schafft, dann können wir das auch. Denn Sean Stephenson sitzt wegen einer seltenen Knochenkrankheit im Rollstuhl. Doch er liebt **das Tanzen** und weiß, dass es unser Wohlbefinden steigert. Die Endorphine, die beim Tanzen ausgeschüttet werden, sind ein wahres Wundermittel gegen Stress und sorgen für mehr Lebensfreude. Außerdem entwickeln wir dabei ein viel besseres Körpergefühl.

Führen Sie von heute an das Tanzen als festes Ritual ein. Um sich anzuspornen, stellen Sie sich rhythmische, mitreißende Musikstücke zusammen, die Ihnen Lust auf Bewegung machen. Schlagen Sie im Büro vor, diese Übung gemeinsam in der Pause zu machen. Wer weiß, vielleicht kreieren Sie einen neuen Trend und verhelfen so der ganzen Welt zu mehr Sex-Appeal, Ausgeglichenheit und Glück?

Erstellen Sie hier eine Liste mit Musikstücken, die Ihnen auf jeden Fall Lust auf Bewegung machen.

Kennen Sie den Spruch: »Glück ist das Zusammentreffen von Vorbereitung und Gelegenheit«? Also: Erhöhen Sie Ihre Chance, attraktiv und gut gelaunt zu sein, indem Sie sich darauf »vorbereiten«. Holen Sie die Turnschuhe und alles Zubehör hervor, das Sie brauchen, um Sport und Bewegung in Ihren Alltag einzubauen. Füllen Sie Ihren Kühlschrank bis zum Anschlag mit Obst und Gemüse, sodass Sie immer etwas zum Knabbern mitnehmen können. Dazu reichlich Wasser und Ihre Lieblingsmusik einpacken und Sie haben alles, damit der »Tempel Ihres Geistes« vitaler und attraktiver wird.

Seien Sie zen!

Zen sein bedeutet, gelassen sein, innere Ruhe finden, in die Balance kommen. Um diesen Zustand zu erreichen, heißt es zu lernen, still zu werden und zu »entschleunigen«. Dadurch, dass Sie mehr Achtsamkeit entwickeln gegenüber sich selbst und allem, was Sie umgibt, werden Sie frei davon, sich und andere zu verurteilen und zu kritisieren. Ihre Sinne verfeinern sich und Sie werden bewusster, sodass Sie das Leben mehr genießen können.

Im Zustand der Gelassenheit spüren Sie tiefes Wohlbefinden und haben das Gefühl, Ihre Bedürfnisse seien plötzlich erfüllt. Es ist eine Rückkehr zum Wesentlichen. Sie lösen die Leinen, um freier zu sein.

Misten Sie aus!

Nicht nur körperliches Übergewicht belastet uns. Auch zu viele Gegenstände und Sorgen können uns in eine Lethargie versetzen, die uns in unseren Vorhaben bremst und daran hindert, geistig im Frieden zu sein. Daher kann es durchaus hilfreich sein, Ordnung in unsere materiellen Besitztümer zu bringen, denn das regt uns dazu an, anschließend ebenso mit allem Nichtmateriellen zu verfahren.

In ihrem Buch mit dem Titel **Die dynamischen Gesetze des Reichtums** empfiehlt die amerikanische Lebenshilfe-Autorin Catherine Ponder, jeden Gegenstand im Haushalt zu betrachten und sich dabei die Frage zu stellen: »Finde ich das schön oder nützlich?«

Lautet die Antwort Nein, dann sollten Sie den betreffenden Gegenstand weggeben oder verkaufen. Er ist in Ihrem Leben überflüssig und verhindert, dass die Energie frei zirkuliert.

Suchen Sie nach Dingen, die Sie loswerden sollten!

Gehen Sie durch alle Räume Ihres Zuhauses und erstellen Sie eine Liste aller Gegenstände, die Sie weder schön noch nützlich finden. Haben Sie diesen ersten Schritt getan, besteht der nächste natürlich darin, die betreffenden Dinge loszuwerden …
Machen Sie sich bewusst, dass all diese Gegenstände, die Sie nicht mehr mögen, jemand anderen vielleicht glücklich machen.

»Nichts im Universum hat die Macht, den menschlichen Geist in leidvoller Gefangenschaft zu halten – mit Ausnahme des Käfigs, den er selbst sich aus seinen irrigen Überzeugungen baut.«

Guy Finley

Ein Stückchen weiter auf dem Weg des Reinemachens

Nun, da der äußere Großputz erledigt ist, wenden wir uns dem inneren zu. Welche Gedanken hegen Sie, die Ihnen nichts nützen, Ihnen womöglich sogar schaden?
Es können auch falsche Glaubenssätze sein oder ungünstige Gewohnheiten. Wenn Sie beispielsweise immer schon dachten, Sie seien besonders krankheitsanfällig, wäre es dann nicht an der Zeit, dass Sie diese Überzeugung aufgeben? Haben Sie schon einmal gedacht, Sie seien vom Pech verfolgt, Glück sei in Ihrem Leben einfach nicht vorgesehen? Sie würden im Supermarkt immer an die Kasse geraten, bei der es am langsamsten vorangeht? Sie seien ungeschickt oder hätten nicht das geringste künstlerische Talent? Sie seien zu introvertiert oder umgekehrt, Sie redeten zu viel?
Um geistig zur Ruhe zu kommen und vor allem, um Raum für neue, positive Gedanken, Überzeugungen und Gewohnheiten zu schaffen, sollten Sie erst einmal all die Gedanken verbannen, die überholt sind und Ihnen nicht guttun.

Liste meiner Gedanken, Überzeugungen und Programmierungen, von denen ich loskommen will:

–

–

–

–

–

–

–

–

–

QUIZ

Sind Sie ganz »da«?

Beantworten Sie die folgenden Fragen so ehrlich wie möglich, um abschätzen zu können, wie weit Sie geistig präsent sind.

1. **Sie haben Freunde zum Abendessen eingeladen. Während Ihre Gäste sich bei Tisch über alles Mögliche unterhalten, tun Sie Folgendes:**

★ Sie hören ihnen aufmerksam zu und sind ganz und gar ins Gespräch vertieft.

● Sie fragen die Gäste, ob es ihnen schmeckt und ob das Essen warm genug ist.

◆ Sie denken schon daran, dass Sie den Nachtisch bald servieren müssen und hoffen, dass Ihnen die Früchtedekoration gelingt.

2. **Im Auto auf dem Weg zur Arbeit:**

★ Sie sind fasziniert von dem Song, den Sie im Radio hören. Sie genießen die schöne Melodie, bewundern dabei die Landschaft und sagen sich: »Was für ein grandioser Tag!«

● Sie schminken sich an der roten Ampel schnell fertig und fragen sich, ob Sie zu Hause wohl etwas vergessen haben.

◆ Sie machen innerlich schon eine To-do-Liste der Dinge, die Sie erledigen müssen, sobald Sie ankommen. Sie denken an wichtige Unterlagen, an Personen, die Sie zurückrufen müssen, etc.

3. An einem Sonntagnachmittag beschließen Sie, es sich gemütlich zu machen, setzen sich in Ihren bequemsten Sessel und lesen ein gutes Buch.

★ Sie sind von der Geschichte, die Sie gerade lesen, so gefesselt, dass Sie die Zeit darüber vergessen. Irgendwann merken Sie, dass Sie noch nicht einmal daran gedacht haben, etwas zu essen!

● Sie müssen dieselben Sätze oder Absätze mehrmals lesen, weil Sie ständig in Ihrer Konzentration abgelenkt werden durch Gedanken an das, was Sie noch tun müssen. Sie spüren, wie leichte Schuldgefühle in Ihnen aufsteigen: »Hast du nichts anderes, Wichtigeres oder Nützlicheres zu tun?« …

◆ Sie unterbrechen Ihre Lektüre fortwährend, um Dinge zu tun, die weder dringend noch wichtig sind, wie zum Beispiel Ihre E-Mails abrufen, im Internet surfen oder zwischen Fernsehprogrammen hin und her zappen.

★ .... ● .... ◆ ....

Wenn Sie mehr als eine Frage mit »★« beantwortet haben, sind Sie von Natur aus geistig präsent und in der Lage, das Leben voll auszukosten. Ist das nicht der Fall, nur keine Angst! Sie sind nicht die Einzige, der es an Achtsamkeit mangelt. Wir leben in einer Gesellschaft, in der Schnelligkeit und Leistung gefragt sind und bewundert werden. Es ist nicht immer leicht, sich dieser wilden Jagd zu entziehen. Sie sollten jedoch erkennen, dass der Weg zu innerem Frieden ein Weg der Ruhe, Sanftheit, Entschleunigung und Wertschätzung ist.

Übungen für mehr innere Ruhe …

Die folgenden Praktiken können Sie dabei unterstützen, Ihren Geist zu beruhigen. Probieren Sie aus, welche Ihnen am besten gefällt, und übernehmen Sie sie in Ihren Alltag.

Meditation

Es gibt verschiedene Formen der Meditation und den meisten Menschen fällt Meditieren anfangs nicht unbedingt leicht. Aber die gute Nachricht lautet: Es wird mit zunehmender Übung besser.

Setzen Sie sich aufrecht auf ein Kissen oder einen Stuhl. Schließen Sie die Augen oder senken Sie den Blick auf den Boden. Atmen Sie dreimal tief ein und aus. Konzentrieren Sie sich dann weiter auf Ihren Atem und werden Sie leer im Geist. Kämpfen Sie nicht gegen die Gedanken an, die in Ihnen aufsteigen, sondern lassen Sie sie einfach vorüberziehen, ohne an ihnen zu haften.

Anfangs fällt es Ihnen womöglich schwer, länger als zwei Minuten am Stück zu meditieren, doch wenn Sie täglich üben, wird sich die Dauer der Übung automatisch verlängern, ohne dass Sie es überhaupt merken. Wenn es Ihnen hilft, können Sie beim Meditieren auch Musik hören oder ein Mantra rezitieren.

Unter einem Mantra versteht man ein Wort oder eine Aneinanderreihung von Wörtern, die spezielle Schwingungen erzeugen. Sie kennen sicherlich die heilige Silbe »Om«. Es heißt, sie stünde für den Urklang, aus dem das gesamte Universum hervorging. Es ist der Klang, der alle Klänge in sich vereint.

»Je stiller du bist, umso mehr kannst du hören.«

Chinesische Weisheit

Es ist interessant, dass das Sanskritwort »Mantra« die beiden Wortwurzeln **man** – »Geist« – und **tra(m)** – »Schutz, schützen« – vereint. Daraus lässt sich folgern, dass ein Mantra den Geist schützt.

Es gibt unterschiedliche Mantras, die Sie leicht im Internet finden können. Sie selbst können am besten entscheiden, welches für Sie geeignet ist, je nach Bedeutung oder dem angestrebten Ziel. Wichtig ist, dass Sie bei Ihrer Meditationspraxis auf Regelmäßigkeit achten. Im Lauf der Zeit und mit zunehmender Übung werden Sie die zahllosen positiven Auswirkungen spüren und nur einen Wunsch haben: weiterzumachen!

Kontemplation

Wenn Sie Meditation zu schwierig finden, könnten Sie es mit Kontemplation versuchen. Dabei genügt es, einen Gegenstand, eine Blume, ein Tier oder irgendetwas, was Ihnen gefällt, aufmerksam zu betrachten.

Tun Sie es konzentriert und nehmen Sie dabei jedes kleinste Detail in sich auf. An einem bestimmten Punkt werden Sie das Gefühl haben, vollkommen in dieser Aktivität aufzugehen. Sie spüren jetzt eine Verbindung mit dem Objekt Ihrer Betrachtung. Und die ganze Zeit haben Sie nicht an Ihre Sorgen gedacht!

»Um eine Welt in einem Sandkorn zu sehn
und einen Himmel in einer wilden Blume,
halte die Unendlichkeit in deiner flachen Hand
und die Ewigkeit in einer Stunde.«

Auszug aus dem Gedicht von William Blake
»Weissagungen der Unschuld«

Übung »Stopp!«
Halten Sie zwischendurch immer mal wieder inne (sagen Sie geistig »Stopp«) und werden sich dessen bewusst, was Sie gerade tun. Beobachten Sie Ihre Wahrnehmungen.

Was sehen Sie?

....

Was hören Sie?

....

Was fühlen Sie?

....

Was empfinden Sie?

....

Geistige Präsenz

Kontemplation hilft Ihnen, im gegenwärtigen Augenblick präsent zu sein. Dadurch, dass Sie auf diese Weise gegenwärtig sind, verfeinern sich Ihre Sinne und Ihre Intuition entwickelt sich. Um zu üben, geistig präsent zu sein, versuchen Sie es mit der »Stopp«-Taktik links.

Durch gelegentliches bewusstes Innehalten lernen Sie, intensiver zu leben. Ihnen fallen auf einmal Details auf, die Sie normalerweise nicht wahrnehmen. Sie erhalten mehr Antworten auf Ihre Fragen anhand von Zeichen oder günstigen Fügungen. Sie sind aufmerksamer gegenüber sich selbst, Ihren Mitmenschen und allem, was Sie umgibt, und fühlen sich besser »geerdet«.

Lernen Sie Ihren Engel kennen!

Aristoteles bezeichnete den kreativen Teil in uns, durch den unser Wesen Verwirklichung bzw. Vollendung erlangt, als »Entelechie«. Wir sind ein physischer Körper und die Entelechie wäre dementsprechend unser Lichtkörper.

In **Die Antwort der Engel** von Gitta Mallasz (siehe Bibliografie S. 62) wird er einfach **Engel** genannt.

Egal, welchen Namen wir diesem Teil von uns geben: Zu glauben, dass wir himmlische Begleiter haben, ist interessant und hat auf jeden Fall positive Auswirkungen!
Um die Verbindung mit diesem göttlichen Teil in uns herzustellen, machen Sie sich einmal den Spaß, ihm gezielt Fragen zu stellen. Sie könnten sich ein hübsches kleines Heft für Ihre Gespräche zulegen und es immer bei sich tragen. Haben Sie die Kommunikation erst einmal etabliert, achten Sie auf Zeichen, die er Ihnen schicken könnte ...

Hier drei Fragen, die Ihnen beim Einstieg in das Gespräch mit dem göttlichen Teil in Ihnen helfen und Sie bei Ihren Überlegungen leiten können:

1. Wer bin ich?

....

2. Was will ich?

....

3. Was ist meine Aufgabe im Leben? Warum bin ich hier?

....

Um der Übung einen schönen Abschluss zu geben, nehmen Sie sich die Zeit, herauszufinden, wofür Sie dankbar sind. Dankbarkeit ruft einen Zustand des Erfülltseins hervor, durch den Sie sich reich und wunschlos glücklich fühlen können. Dieses Gefühl ist ein starker Magnet, mit dem Sie genau das anziehen, was Sie sich wünschen.

Sich um die eigenen Angelegenheiten kümmern

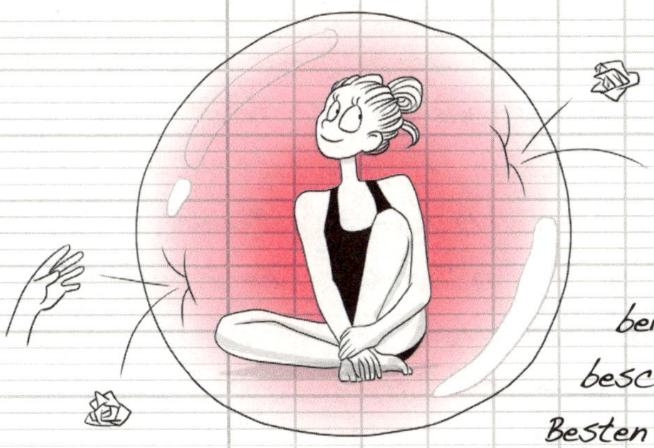

Haben Sie auch die Erfahrung gemacht, dass andere sich oft in Ihre Angelegenheiten einmischen, ungefragt ihren »Senf« dazugeben und dabei behaupten, sie wollten Sie damit beschützen, es sei ja nur zu Ihrem Besten ...? Aber wissen diese Leute denn wirklich, was am besten für Sie ist? Schließlich basieren ihre Ratschläge nur auf ihrer eigenen Wahrnehmung der Dinge. Jeder Mensch ist anders und jeder weiß selbst am besten, was gut für ihn ist (oder nicht).

Sie werden feststellen, dass sich die Leute, wenn sie andere beurteilen oder kritisieren, immer auf sich selbst beziehen. Letztendlich sind es ihre eigenen Ängste, Verletzungen oder Überzeugungen, die in ihren Beurteilungen oder Ratschlägen durchschimmern.

Beispiel:

Alexandra hat schon immer davon geträumt, einen Hund zu haben. Jetzt, da sie erwachsen ist und selbst entscheiden kann, will sie sich endlich einen anschaffen. Kurz bevor sie ihn abholt, erzählt sie ihren Eltern davon. Sofort raten diese ihr vom Kauf ab und zählen alle nur erdenklichen Gründe auf, warum ein Hund das Leben ihrer Tochter verkomplizieren würde.

Wenn Sie geistig zur Ruhe kommen wollen, sollten Sie sich angewöhnen, sich nicht (zu sehr) von anderen beeinflussen zu lassen. Werden Sie unabhängig, übernehmen Sie selbst Verantwortung für Ihr Leben und sagen Sie sich, dass es keine Fehler gibt, sondern nur Erfahrungen. Und machen Sie sich bewusst: Durch diese Erfahrungen, seien sie gut oder schlecht, entwickeln wir uns weiter!

In gleicher Weise sollten auch Sie sich nur um Ihre eigenen Angelegenheiten kümmern. Mischen Sie sich nicht in das Leben Ihrer Angehörigen ein. Gestehen Sie ihnen Entscheidungsfreiheit zu und lassen Sie sie ihre Erfahrungen selbst machen. Je mehr Sie selbst sich an diese Regel halten, umso mehr bringen Sie die anderen dazu, sich ebenso zu verhalten.

Übung: Die Kontrolle wieder übernehmen

Welche Ideen oder Projekte haben Sie aufgegeben, weil andere Ihnen davon abgeraten haben?

–

–

–

–

–

–

–

–

Was halten Sie davon, diesen Ideen eine **zweite Chance** zu geben?

»Wenn du es eilig hast, mach einen Umweg.«

Japanisches Sprichwort

Tun Sie doch einmal: gar nichts

Wie lange ist es her, dass Sie einen Tag oder auch nur eine Stunde mit Nichtstun verbracht haben? Das Leben heutzutage ist ein Trommelfeuer an Aktivitäten und Pflichten geworden. Nie zeichnet sich ein Ende ab. Wie das Glück, ist auch Erfolg oder alles andere, wonach man im Leben strebt, **»work in progress«**, wie die Engländer sagen, eine Lebensaufgabe gewissermaßen! Der Moment oder der Ort, an dem alles vollendet und perfekt ist, existiert nicht. Zumindest nicht so, wie wir es uns vorstellen … Davon abgesehen: Was ist das überhaupt, Perfektion? Alles ist fortwährend im Wandel. Sie sind nicht mehr die, die Sie vor zehn Jahren waren, und denken wahrscheinlich auch nicht mehr so. Sie haben heute eine andere Sicht der Dinge als gestern. Und so ist Ihre heutige Perfektion vielleicht die Unvollkommenheit von morgen – oder umgekehrt! Warum also hetzen Sie sich so ab?

Betrachten Sie die Natur. Haben Sie schon einmal ein Tier gesehen, das sich beeilt? **Sich wie verrückt abhetzen und Stress machen sind Eigenheiten des Menschen.** Um Erschöpfung, Depressionen und andere Unannehmlichkeiten zu vermeiden, sollten Sie sich lieber Zeit zum Leben nehmen!

Ich schlage Ihnen daher vor, einmal kurmäßig gar nichts zu tun. Nur das! Planen Sie die Kur in Ihrem Terminkalender ein, wenn nötig, aber genehmigen Sie sich in Kürze einen oder mehrere Tage, an denen Sie definitiv nichts tun. Und wenn Sie absolut keinen ganzen Tag dafür freihalten können, dann gönnen Sie sich wenigstens eine oder zwei Stunden süßes Nichtstun.

Tragen Sie hier dick das Datum Ihrer nächsten Nichtstu-Kur ein:

../../..

Vergessen Sie nicht, das Datum auch in Ihren Kalender zu übernehmen!

Que sera, sera – es kommt, wie es kommt!

Haben Sie schon bemerkt, dass wir tendenziell zwei Leben gleichzeitig führen? Einerseits das reale Leben mit seiner nicht endenden Abfolge von Ereignissen, Begegnungen und Situationen, mit denen wir umgehen müssen. Und andererseits das Leben in unserem Kopf, das häufig noch beunruhigender ist. Nur zu oft beschäftigen sich unsere Gedanken mit Befürchtungen oder Mutmaßungen. Dadurch, dass wir in unserem Geist alle möglichen Szenarien kreieren und Situationen in alle Richtungen drehen und wenden, können wir am Ende kaum noch unterscheiden, was real ist und was nicht. Mitunter kann es nützlich sein, sich einen kleinen Richter oder eine kleine Richterin in unserem Kopf vorzustellen, der oder die fragt: »Stimmt das?« Dadurch kann man die Dinge wieder in die richtige Perspektive rücken und Situationen entdramatisieren. Wenn Sie bereit sind, auf dem Weg des Loslassens noch weiter zu gehen, dann gewöhnen Sie sich an, angsteinflößende Gedanken zu drosseln, indem Sie sich in Erinnerung rufen, dass es ohnehin kommt, wie es kommt! »Que sera, sera«, wie es im Song heißt.

»Que sera, sera
Was sein wird, wird sein
Wir können nicht in die Zukunft
sehen. Que sera, sera
Es kommt, wie es kommt.«

Auszug aus dem Song »Que sera, sera«, bekannt geworden durch Doris Day

Diese Taktik verlangt allerdings von uns, zu akzeptieren, dass wir nicht die Kontrolle haben. Sie werden es als Befreiung und immense Erleichterung empfinden, auf diese Weise Ballast abzuwerfen. Natürlich hängt alles davon ab, wo Sie jetzt gerade stehen … Wenn Sie schon immer jemand waren, der gern die Kontrolle hat, ist es für Sie vielleicht eine besondere Herausforderung. Doch seien Sie versichert, dass Sie, wenn Sie es schaffen loszulassen, zu mehr Ruhe und Gelassenheit finden.

Betrachten wir nun das folgende Beispiel von Bernadette. Es ist offensichtlich, dass sie, wenn sie sich so stark ängstigt, nicht gerade in idealer geistiger Verfassung ist, um sich bestmöglich um ihren Hund zu kümmern. Schlimmer noch: Die Katze könnte ihre Angst spüren und darauf reagieren, indem sie Bernadettes Befürchtungen bestätigt. Man findet das, was man sucht … Daher: Schluss mit negativen, angsterfüllten Gedanken! Lernen Sie, Tag für Tag in Liebe und geistigem Frieden zu leben!

»Begehre nicht, dass die Dinge in der Welt gehen, wie du es willst, sondern wünsche vielmehr, dass alles, was geschieht, so geschehe, wie es geschieht, dann wirst du glücklich sein.«

Epiktet

Beispiel:

Bernadette hat einen Hund aus einem Tierheim zu sich genommen, der in ziemlich erbärmlichem Zustand gefunden worden war. Sie tut zwar ihr Bestes, um sich um ihn zu kümmern, macht sich aber viel zu viele Sorgen. Sie fragt sich, ob er sich jemals ganz von seinen Verletzungen erholen wird, ob sie es wohl schafft, ihn richtig zu erziehen, und ob er mit der Katze auskommt, die schon zur Familie gehört.

Meine Playlist, um innerlich zur Ruhe zu kommen

Wenn der Stresspegel steigt oder die Sorgen sich immer mehr häufen, sollte man darauf vorbereitet sein, um die Situation schnell neutralisieren und verbessern zu können. Ein einfacher, wirksamer Trick besteht darin, eine eigene Playlist mit beruhigender Musik zu haben.

Listen Sie hier die Musiktitel auf, die Sie beruhigen!

Seien Sie glücklich!

Was ist **GLÜCK**? Es gibt ebenso viele Definitionen wie Menschen, denn jeder von uns hat seine jeweils eigene Auffassung davon, was ihn glücklich macht.

Glück wird zum einen häufig als »glückliche Fügung« definiert, zum anderen aber auch als »Bewusstseinszustand vollkommener Zufriedenheit«. Ist also das Glück an einen Zustand der Zufriedenheit gebunden? Zum Teil vielleicht, wenn man sich auf die Tatsache bezieht, dass wir uns gut fühlen, wenn wir das, was wir haben, mögen bzw. zu würdigen wissen. Hier, in diesem kleinen Übungsheft, geht es jedoch trotzdem eher um einen Zustand der Freude, für den man sich entscheidet oder den man durch bestimmte Gedanken, Taten oder Gewohnheiten hervorruft.

Und da alles miteinander verflochten ist, können Sie davon ausgehen: Wenn Sie glücklich sind, sind Sie automatisch auch ausgeglichener und attraktiver. Gar nicht schlecht als Nebeneffekte des Glücks, oder?

Die Bestandteile des Glücks

Nach Sonja Lyubomirsky, eine der international führenden Glücksforscherinnen, beeinflussen drei Faktoren unser Glücksgefühl-Level: 50 Prozent unseres Glücks sind genetisch bedingt. Entstammen wir einer Familie von Griesgramen, Pessimisten oder Nörglern, prägt uns das auch, aber Achtung: nur zur Hälfte!

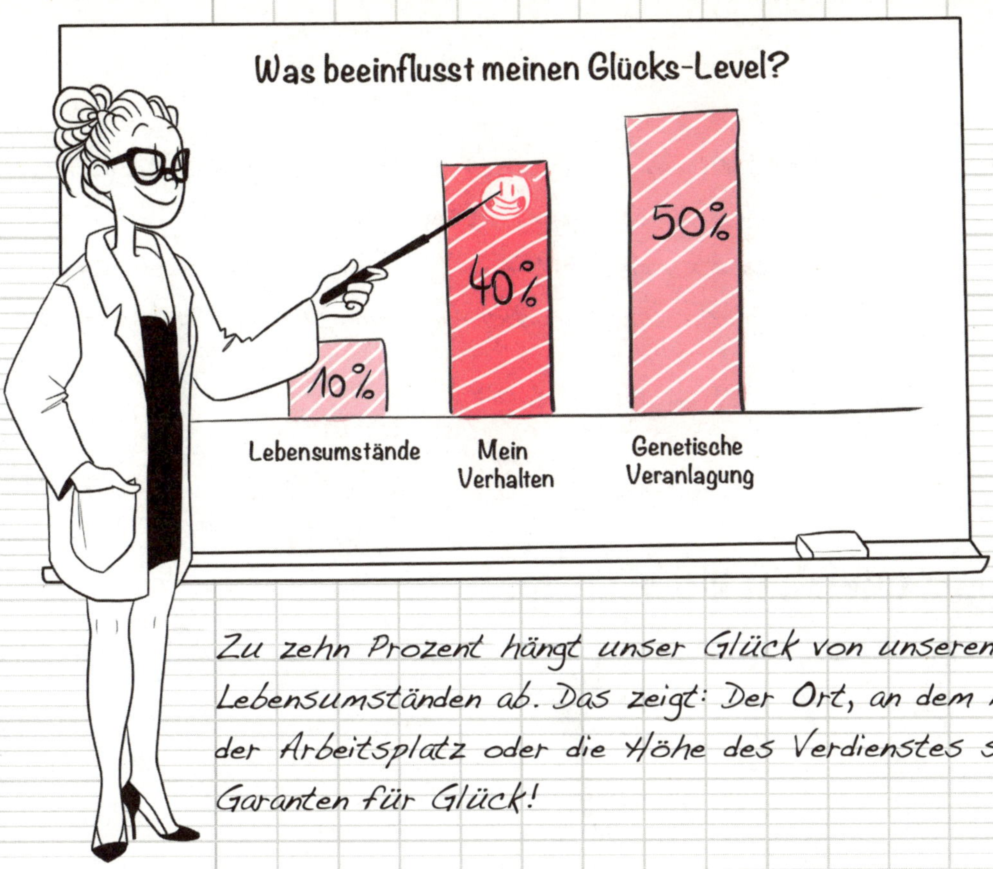

Zu zehn Prozent hängt unser Glück von unseren äußeren Lebensumständen ab. Das zeigt: Der Ort, an dem man lebt, der Arbeitsplatz oder die Höhe des Verdienstes sind keine Garanten für Glück!

Die gute Nachricht ist, dass unser Glück zu 40 Prozent mit dem zusammenhängt, wie wir im Alltag handeln und uns verhalten. Was tun Sie, damit es Ihnen gut geht? Darin liegt Ihre größte Macht!

Das, was Sie im Alltag aktiv für Ihr Glücklichsein tun, wird Ihre genetischen Voraussetzungen mühelos neutralisieren. Und das heißt: Ganz gleich, woher Sie kommen und was Sie bisher erlebt haben, **Sie haben stets die Möglichkeit, glücklich zu sein.**

Wie sieht es bei Ihnen aus – wobei fühlen Sie sich gut? Vielleicht sind es sportliche, künstlerische oder andere Aktivitäten. Schreiben Sie sie hier auf, um sich daran zu erinnern, diese Dinge in Ihr persönliches Glücksprogramm einzubinden.

Meine Liste der Aktivitäten, die mir guttun:

–

–

–

–

–

Beispiel:

Elisa ist seit sie denken kann tief in ihrem Inneren traurig. Die Beziehungen der Familienmitglieder untereinander empfand sie immer angespannt, als würde etwas Schweres auf allen lasten … Heute, erwachsen und selbst verantwortlich für ihr Glück, weiß sie, dass künstlerische Betätigung ihr guttut, ebenso wie Spaziergänge in der Natur. Um den genetisch bedingten eher traurigen Teil in sich zu neutralisieren, achtet sie darauf, dass sie regelmäßig spazieren geht und stets an einem künstlerischen Projekt arbeitet. So hat sie das Gefühl, im Einklang mit sich zu sein, und ist nicht mehr das Opfer ihrer genetischen Veranlagung.

Glücksrituale

Es gibt ein ganzes Arsenal kleiner Rituale, mit denen Sie Ihr Glück hegen und pflegen können. Seien es Geldstücke, die Sie auf dem Boden gefunden und in dem Glauben aufgehoben haben, dass sie den unverhofften Erhalt einer größeren Geldsumme ankündigen, seien es verlöschende Straßenbeleuchtungen, die sie für ein Augenzwinkern Ihres Schutzengels halten – alle Ideen sind gut, solange sie Ihnen ein Glücksgefühl bescheren.

Die Spanier sind besonders kreativ, was Glücksrituale anbelangt. So legen sie beispielsweise am 31. Dezember ihre Ziele für das Jahr fest und essen dabei Weintrauben!

Das Ritual der zwölf Trauben

Bereiten Sie am 31. Dezember (oder an einem anderen Datum Ihrer Wahl) zwölf Weintrauben vor und legen Sie sich Stift und Papier zurecht. Überlegen Sie, was Sie sich für jeden Monat des Jahres wünschen, und schreiben Sie es auf Ihr Blatt. Essen Sie dann für jeden Monat eine Traube und lesen Sie dabei noch einmal aufmerksam, was Sie geschrieben haben. Spüren Sie vorab schon einmal die Glücksgefühle, die mit der Verwirklichung all dieser Ziele oder der Erfüllung Ihrer Wünsche einhergehen. Stellen Sie sich Ihre Monatsträume vor, als seien sie schon wahr geworden. Noch mehr Spaß macht dieses Ritual im Kreis der Familie oder in einer Gruppe von Freunden.

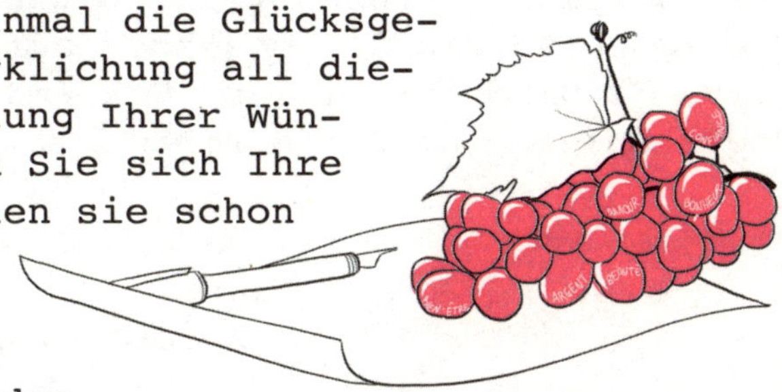

Rote Unterwäsche

Unmöglich, über spanische Rituale zu sprechen, ohne das der roten Unterwäsche zu erwähnen. Wenn Sie im nächsten Jahr Ihrer großen Liebe begegnen wollen, dann tragen Sie am Abend des 31. Dezember auf jeden Fall einen roten Slip. Es wird Ihr kleines Geheimnis sein – ein vergnüglicher »Anker«, um den Märchenprinzen anzulocken.

Ob Sie sich an bestehenden Ritualen aus aller Welt orientieren oder Ihre eigenen erfinden: Wichtig ist, dass Sie sich Anker schaffen, die Sie daran erinnern, glücklich zu sein.

Die Wunschliste

Uns zu entfalten und das, was uns am Herzen liegt, zu verwirklichen, ruft ein Glücksgefühl in uns hervor und verleiht unserem Dasein einen Sinn. Doch neigen wir bisweilen dazu, unsere Stressdosis dadurch zu erhöhen, dass wir uns zu detailgenaue Ziele setzen; vor allem aber dadurch, dass wir zu sehr auf ein bestimmtes Ergebnis fixiert sind. Natürlich ist es gut zu wissen, was man will, aber noch besser ist es, in Bezug auf die Art und Weise, wie unsere Träume sich verwirklichen, offen zu bleiben. Manchmal sind wir kaum in der Lage, über unseren Tellerrand hinauszublicken. Überlassen wir es dem Leben, uns zu überraschen – oft übertrifft es unsere Erwartungen sogar noch!

Erstellen Sie nun eine Liste all Ihrer Herzenswünsche. Konzentrieren Sie sich dabei vor allem auf das, was Sie beim Erreichen Ihres Ziels fühlen wollen. Wenn Sie zum Beispiel gerne mehr Geld hätten, finden Sie heraus, welche positiven Effekte für Sie damit verbunden wären. Oft wünschen wir uns eigentlich nicht das Geld, sondern das Gefühl der Freiheit, Unabhängigkeit und Macht, das der Besitz von Geld uns verleiht.

Um Ihnen ein Beispiel zu geben, hier Celines Wunschliste:

- Innerer Frieden
- Zeit zum Entspannen, Meditieren, in Stille Sein
- Feiern mit Freunden
- Humor, lachen, mich amüsieren
- Lernen, Perlen der Weisheit entdecken, um mein Bewusstsein zu öffnen und das Leben meiner Träume zu verwirklichen
- Inspirierende Freunde
- Gesunde, abwechslungsreiche Ernährung!
- Inspirierende Ideen in die richtige Richtung lenken
- Geben und Empfangen von Geschenken und schönen Überraschungen des Lebens
- Eine erfüllende, harmonische, stärkende Liebesbeziehung
- Blumen
- Musik
- Lebenskraft
- Schönheit überall um mich herum
- Spiritualität
- Meinen Beitrag zu Frieden und Liebe in der Welt leisten
- Tiere
- Freiheit
- Günstige Fügungen
- Bücher
- Natur
- Dankbarkeit

Vielleicht ist Ihnen beim Lesen von Celines Liste aufgefallen, dass sie nichts fest Umrissenes enthält, sondern dass ihre Wünsche tendenziell eher im Bereich der Gefühle liegen. Und noch ein Hinweis: Die Reihenfolge spielt keine Rolle. Machen Sie die Übung so, wie es sich ergibt.

»Ein Wunsch des Herzens bedeutet immer, dass Gott mit seiner unbegrenzten Versorgung an die Tür unseres Bewusstseins klopft.«

Dr. Emilie Cady

Schreiben Sie ruhig alles auf, was Ihnen einfällt (oder in Ihrem Herzen vor sich geht!); hinterher können Sie immer noch Ordnung in Ihre Ideen bringen. Es ist wichtig, dem Prozess freien Lauf zu lassen und das, was zum Vorschein kommen will, nicht zu blockieren, selbst wenn es Ihnen unangemessen oder belanglos erscheint. Denken Sie daran, dass die Absicht schon den Keim ihrer Verwirklichung in sich trägt. Es genügt, sich nicht in den Prozess einzumischen. Lassen Sie sich also einfach von Ihrem Herzen und Ihrer Vorstellungskraft leiten.

Und jetzt Sie!

Das Gute im Leben erwarten

Auf die Frage, warum sie derart vom Glück begünstigt und vom Leben verwöhnt sei, antwortete die bekannte Ethnologin Margaret Mead: »Weil ich es erwarte.«

Was erwarten Sie im Allgemeinen? Gehören Sie zu den Menschen, die das Gute an den Menschen und den Ereignissen sehen und damit rechnen, dass die Dinge positiv verlaufen, oder gehören Sie eher zu denjenigen, die stets das Schlimmste befürchten?

Sie sind Mitschöpferin Ihrer Realität und haben immense Macht über Ihr Leben: nämlich die, es positiv (oder negativ) zu beeinflussen. Sind Sie sich dessen bewusst? Und wie nutzen Sie diese Macht? Zu Ihrem Vorteil oder nicht?

Wer immer Ängste und Befürchtungen hegt, wird tendenziell genau das anziehen, was auf derselben Ebene schwingt wie die Gefühle, die durch solche negativen Gedanken angeregt werden – und dadurch den Eindruck haben, vom Pech verfolgt oder immer das Opfer zu sein. Nichts vermag eine Person, die so denkt, jemals zufriedenzustellen. Bei schlechtem Wetter klagt sie über die Kälte, bei schönem Wetter findet sie es zu heiß. Immer gibt es Gründe für Kritik, nie ist es in Ordnung, so wie es ist.

Umgekehrt ernten auch diejenigen, die das Glas eher als halb voll ansehen, die würdigen, was sie bereits haben, und in der fröhlichen und positiven Erwartung leben, was ihnen Wunderbares widerfahren könnte, den Ertrag ihrer Gedanken. Sie sehen in allem das Schöne, können sich begeistern und Dankbarkeit empfinden. Alles geht von uns selbst aus – vergessen wir das nicht! Das ist das Gesetz der Anziehung (s. die kleinen Übungshefte **Das Gesetz der Anziehung** und **Positives anziehen**).

Wenn es nach Ihnen ginge, welche Dinge sollten Ihnen passieren? Machen Sie sich einen Spaß daraus, sich Ihren Alltag positiv zu hexen. Stellen Sie sich vor, Sie seien die gute Hexe im **Zauberer von Oz**, und sorgen Sie dafür, dass sich alles zum Besten wendet!

Haben Sie diesen Weg erst einmal eingeschlagen, dann werden die großartigen Fügungen des Lebens, magische Begegnungen und die Leichtigkeit und Einfachheit, mit der Sie Ihre Ziele erreichen, keine Verwunderung mehr in Ihnen hervorrufen. Sie sind dann nicht mehr überrascht, weil Sie verstanden haben, dass SIE die Architektin Ihres Lebens sind. Wie Margaret Mead werden dann auch Sie von anderen für vom Leben verwöhnt oder vom Glück begünstigt gehalten.

Übung: Lernen, die Gunst des Lebens anzuziehen

Üben Sie in den kommenden Tagen und Wochen, die Gunst des Lebens um sich herum am Werk zu sehen und zu bewundern. Erkennen Sie, wie die Magie im Leben der Menschen Ihrer Umgebung wirkt. Seien Sie nicht neidisch deswegen, bewundern Sie diese Magie! Sie können sogar pro Tag drei Beweise für günstige Ereignisse festhalten - sei es rein gedanklich oder schriftlich in einem hübschen kleinen Heft. Wichtig ist, dass Sie sie erkennen. Je deutlicher Sie die Gunst des Lebens wahrnehmen, umso mehr ziehen Sie sie auch in Ihr Dasein.

Vorbilder

In der Psychoanalyse wird dem Prozess der Angleichung an ein Vorbild eine positive Wirkung auf das Gefühl, sein Leben selbst gestalten zu können, zugeschrieben. Und wer überzeugt ist, etwas bewirken zu können, geht glücklicher durchs Leben als jemand, der sich stets nur als Opfer der Umstände sieht. Lassen Sie sich von dieser Vorstellung inspirieren und finden Sie heraus, wen oder was Sie sich in Zukunft zum Vorbild nehmen könnten.

»Ein Vorbild ist ein idealisiertes Ich.«
Eduard Baer

Welche Menschen bewundern Sie?

....

Wem wären Sie gerne ähnlich?

....

Vielleicht versuchen Sie, in Ihrem Leben mutiger zu werden und mehr zu wagen? Wer wäre in diesem Sinne ein gutes Vorbild? (Es könnte eine bekannte Persönlichkeit sein oder eine Person aus Ihrem Umfeld.)
Wollen Sie beispielsweise mitfühlender werden, könnten Sie Mutter Teresa als Vorbild wählen, das Sie ab jetzt in Ihrem Herzen tragen. Auch wenn das mehr ein symbolischer Akt ist: Schon allein dadurch, dass Sie an Menschen denken, die bereits über die Stärken und guten Eigenschaften verfügen, die Sie gerne entwickeln möchten, können Sie diese Eigenschaften auch in Ihrem Leben manifestieren.

Wenn Sie gerade ein geschäftliches Projekt auf den Weg gebracht haben, wollen Sie sich vielleicht virtuell vom Vorbild einer bekannten Geschäftsfrau oder eines Geschäftsmannes begleiten lassen.

Um das Konzept zu testen, führen Sie hier drei Situationen auf, in denen Sie sich Hilfe oder Begleitung wünschen. Stellen Sie sich für alle drei die Frage, wer solche Situationen bereits vollkommen meistert. Wer wäre in der Lage, Ihnen dabei zu helfen?
Als Abschluss der Übung stellen Sie sich spaßeshalber vor, was das von Ihnen gewählte Vorbild an Ihrer Stelle täte, um die Situation zu verbessern.

....

....

....

....

....

....

....

....

....

....

....

....

....

....

....

Die Macht der Güte

Erinnern Sie sich daran, wann Sie zuletzt jemandem einen Gefallen getan oder eine Freude gemacht haben … Was empfanden Sie dabei? Freundliche und gute Taten sind große Quellen des Glücks!

»Wir werden nicht dadurch gut, dass wir versuchen, gut zu sein, sondern indem wir die Güte wiederfinden, die bereits in uns angelegt ist.«

Eckhart Tolle

Um bereit zu sein, so oft wie möglich Gutes zu tun, vervollständigen Sie die folgende Liste kleiner guter Taten, mit denen Sie anderen eine Freude machen könnten.

Ideen für gute Taten:

- Einer Person in unserer Umgebung einfach so, ohne Anlass, eine Postkarte mit ein paar netten Worten schicken, nur um Dankbarkeit oder Zuneigung zum Ausdruck zu bringen.
- Etwas Leckeres kochen und es einer Freundin anbieten.
- Menschen besuchen, die im Krankenhaus oder in einem Hospiz allein sind.
-
-
-
-
-
-

Wie die berühmte Oprah Winfrey immer wieder betont: Im Leben kommt es darauf an, dass wir uns für andere einsetzen. Dadurch, dass wir Gutes tun, können wir unseren Beitrag leisten zu dem gemeinsamen Werk, Frieden und Glück auf Erden zu schaffen.
Um Güte zu entwickeln, möchte ich Sie einladen, Gruppen zu gründen, deren Mitglieder gemeinsam überlegen, wie jede(r) Einzelne im Rahmen seiner Möglichkeiten Gutes tun kann. Sie können sich natürlich auch bereits bestehenden Initiativen anschließen, die Ihrem Empfinden nach zur Verbesserung der Welt beitragen.

Positive Redensarten und Zitate sammeln

So viel Schönes und Gutes wurde bereits gesagt oder geschrieben, dass es sich lohnt, es zu würdigen, indem man es auf einen Zettel schreibt und zu Hause oder im Büro gut sichtbar aufhängt, damit es uns immer wieder aufs Neue inspiriert.
Was halten Sie davon, Ihre persönliche Sprichwörter-Zitate-Sammlung anzulegen, die Ihnen regelmäßig in Erinnerung ruft, das Schöne zu sehen, Gutes zu tun und glücklich zu sein? Und um die Übung noch etwas weiterzutreiben, könnten Sie jeweils Ihre eigene Interpretation hinzufügen oder dazuschreiben, was Sie an dem betreffenden Sprichwort oder Zitat besonders anspricht.

Im Folgenden einige Zitate und Sprichwörter, die Ihnen den Anfang erleichtern sollen. Im Verlauf dieses kleinen Übungshefts finden Sie noch andere Beispiele.

»Die schönste Frucht der Selbstgenügsamkeit ist Freiheit.«

Epikur

Nicht Besitz an sich belastet uns, sondern vielmehr die Tatsache, dass die Dinge, die wir besitzen, uns im Griff haben. Doch wir können lernen, die Annehmlichkeiten des Lebens in dem Bewusstsein zu genießen, dass wir all das eigentlich nicht brauchen. Diese Dinge, Umstände usw. sind für unser Glück nicht erforderlich. Zufriedenheit ist das Stichwort. Wenn wir keine oder nur wenige Bedürfnisse oder Pflichten haben, leben wir leichter, freier und mit mehr Freude!

»Das Unglück kann eine Brücke zum Glück sein.«

Japanisches Sprichwort

Was uns zunächst als das Schlimmste erscheint, öffnet uns oft die Tür zu etwas Besserem. Wir müssen jedoch bereit sein, hindurchzugehen, und dürfen nicht angsterstarrt und bewegungslos vor der Schwelle stehen bleiben – tanzen wir mit den Wechselfällen des Lebens!

»Glücklich ist, wer vergisst, was nicht mehr zu ändern ist.«

Aus der Operette »Die Fledermaus« (Johann Strauss)

Wenn wir die Gewohnheit entwickeln, Negatives zu vergessen, könnten wir fortwährend guter Stimmung sein. Unsere Last negativer Erfahrungen oder schmerzlicher Erinnerungen wäre leichter zu tragen.

»Führst du mich einmal hinters Licht, Schande über dich, führst du mich zweimal hinters Licht, Schande über mich.«

Aus China

Dieser Spruch ruft uns in Erinnerung, Verantwortung für uns selbst zu übernehmen und aus der Opferrolle auszusteigen. Beim ersten Mal kann man einem Irrtum aufsitzen, doch sollte man aus der Erfahrung lernen und sich beim zweiten Mal entsprechend verhalten.

»Glück entsteht oft durch Aufmerksamkeit in kleinen Dingen, Unglück oft durch Vernachlässigung kleiner Dinge.«

Wilhelm Busch

Welches Glück, sich von Kleinigkeiten in Begeisterung versetzen zu lassen! Welche Weisheit, diese Dinge nicht zu vernachlässigen, die oft den Unterschied ausmachen …

Meine Glücks-Playlist

Bereiten Sie wieder eine Liste mit Musiktiteln vor, die Ihnen garantiert gute Laune machen. Welche verleiten Sie dazu, lächelnd mitzusingen oder mitzupfeifen?

Hier ein paar Beispiele:

- *Don't worry, be happy* (Bobby McFerrin)
- *Happy* (Pharrell Williams)
- *Freude, schöner Götterfunken* (Beethoven, 9. Sinfonie)

Nun sind Sie dran – ergänzen Sie die Liste …

Der Champagner-Moment

Es ist unsere Aufgabe im Leben und liegt in unserer Verantwortung, glücklich und gesund zu sein. Sind wir es nicht, dann ist irgendetwas »aus der Spur« geraten. Um die Welt zu retten oder sie zumindest ein bisschen besser zu machen, müssen wir als Erstes gut für uns sorgen. So tragen wir dazu bei, dass das Universum im Gleichgewicht bleibt.

»Nicht der Champagner macht einen Kranken glücklich, sondern das damit verknüpfte Gefühl, zu feiern.«
Bernard Montaud

Sie sind bereits attraktiv, gelassen und glücklich. Sie waren es schon immer, hatten es vielleicht einfach nur vergessen ... Es gibt viele kreative Ideen, was wir tun können, um uns in unserem Körper wohlzufühlen, geistig im Frieden und im Herzen glücklich zu sein. Nur Sie selbst wissen, was gut für Sie ist. Was dabei zählt, ist zuallererst diese feste Absicht: das Beste aus sich zu machen und das eigene Potenzial zu entfalten.

Wie wäre es mit einer kleinen Party unter Freundinnen, um zu feiern, dass Sie dieses kleine Übungsheft gelesen haben, und zu geloben, für immer attraktiv, gelassen und glücklich zu bleiben – und sich Ihrer entsprechend tollen Ausstrahlung zu erfreuen? Machen Sie zum Vergnügen einige Übungen gemeinsam oder tauschen Sie sich darüber aus, wie Sie das Konzept dieses kleinen Übungshefts sehen.

Erheben Sie Ihr Glas mit Champagner (oder einem anderen Getränk) auf dieses neue Leben, das Sie sich nun in jedem Augenblick schenken können. Bewahren Sie die Erinnerung an diesen Moment fest in Ihrem Herzen, damit Sie nicht vergessen, wie schön, stark und wunderbar Sie sind! Hin und wieder, wenn Sie an sich selbst und Ihren Fähigkeiten zweifeln, denken Sie zurück an diesen »Champagner-Moment«, an diesen gesegneten, festlichen Augenblick, als Sie erkannt haben, was für ein glücklicher Mensch Sie sind – oder zumindest, dass Sie jederzeit die Möglichkeit haben, es zu sein.

Seien Sie gesegnet und froh!
Seien Sie zen, sexy und happy!

Kleine Bibliografie

André, Christophe: *Und vergiss nicht, glücklich zu sein*, Campus 2015.

Baum, Lyman Frank: *Der Zauberer von Oz*, Anaconda 2012.

Bogdanov, Slavica: *Das kleine Übungsheft – Das Gesetz der Anziehung*, Trinity 2014.

Kondo, Marie: *Magic Cleaning: Wie richtiges Aufräumen Ihr Leben verändert*, rororo [13]2013.

Lenoir, Frédéric: *Die Seele der Welt. Von der Weisheit der Religionen*, dtv 2014.

Lyubomirsky, Sonja: *Glücklich sein. Warum Sie es in der Hand haben, zufrieden zu leben*, Campus 2013.

Mallasz, Gitta: *Die Antwort der Engel*, Daimon [13]2009.

Michaud, Christine: *Das kleine Übungsheft – Positives anziehen*, Trinity 2014.

Ponder, Catherine: *Die dynamischen Gesetze des Reichtums*, Arkana 1992.

Rambert, Catherine: *Kleine Philosophie für jeden Tag*, Goldmann TB 2008.

Sandmann, Elisabeth (Hrsg.): *Kluge Gedanken für umwerfende Frauen*, Elisabeth Sandmann Verlag 2014.

Seligman, Martin: Flourish – *Wie Menschen aufblühen. Die Positive Psychologie des gelingenden Lebens*, Kösel 2012.

Ders.: *Der Glücks-Faktor. Warum Optimisten länger leben*, Bastei-Lübbe 2005.

Speidel, Jutta: *Heldinnen – 45 Vorbilder fürs Leben*, Elisabeth Sandmann Verlag 2013.

Thich Nhat Hanh: *Der furchtlose Buddha. Was uns durch die Angst trägt*, Arkana 2013.